BEI GRIN MACHT SICH IHR WISSEN BEZAHLT

AF136333

- Wir veröffentlichen Ihre Hausarbeit,
  Bachelor- und Masterarbeit

- Ihr eigenes eBook und Buch -
  weltweit in allen wichtigen Shops

- Verdienen Sie an jedem Verkauf

Jetzt bei www.GRIN.com hochladen und kostenlos publizieren

Bibliografische Information der Deutschen Nationalbibliothek:

Die Deutsche Bibliothek verzeichnet diese Publikation in der Deutschen National-
bibliografie; detaillierte bibliografische Daten sind im Internet über http://dnb.d-
nb.de/ abrufbar.

Impressum:

Copyright © 2018 GRIN Verlag
Druck und Bindung: Books on Demand GmbH, Norderstedt Germany
ISBN: 9783346004666

Dieses Buch bei GRIN:

https://www.grin.com/document/495710

Annika Diepholz

Selbst- und Zeitmanagement als Erfolgsfaktor im Studium

GRIN Verlag

GRIN - Your knowledge has value

Der GRIN Verlag publiziert seit 1998 wissenschaftliche Arbeiten von Studenten, Hochschullehrern und anderen Akademikern als eBook und gedrucktes Buch. Die Verlagswebsite www.grin.com ist die ideale Plattform zur Veröffentlichung von Hausarbeiten, Abschlussarbeiten, wissenschaftlichen Aufsätzen, Dissertationen und Fachbüchern.

Besuchen Sie uns im Internet:

http://www.grin.com/

http://www.facebook.com/grincom

http://www.twitter.com/grin_com

Einsendepräsentation

Selbst- und Zeitmanagement als Erfolgsfaktor im Studium

abgegeben am 21. Mai 2018

SRH Fernhochschule

Modul: Selbstmanagement
Studiengang: Wirtschaftspsychologie B.Sc

von
Annika Diepholz

Studiengang: Wirtschaftspsychologie B.Sc

Inhaltsverzeichnis

Abkürzungsverzeichnis

PP Präsentation	PowerPoint Präsentation
Vgl.	Vergleiche
o.ä	oder ähnliches

Abbildungsverzeichnis

a)

Beschreiben Sie, wie Sie im Vorfeld eine Analyse der Zuhörer durchführen, in Bezug zu deren Motivation, Erwartungen, Nutzen, o.ä. Es ist hier eine gedankliche Analyse durchzuführen, keine methodische (z.B. Befragung).

Im Allgemeinen stellt das Studium für viele Studierende eine große Herausforderung dar. Die meisten haben großen Respekt vor dem Studium, allerdings löst es auch bei vielen Ängste aus.

Die Motivation der Zuhörer sich die Präsentation anzuhören ist, dass sie die Modelle und Regeln basierend auf wissenschaftlichen Grundlagen kennenlernen wollen und durch praxisnahe Beispiele in ihren eigenen Alltag einfließen lassen zu können. Konkret bedeutet dies, dass die Zuhörer wissen wollen, wie sie sich und ihr Studium strukturieren können, um bei einem möglichst niedrigen Stresslevel die bestmögliche Leistung zu erbringen. Außerdem wollen sie durch das verbesserte Selbst- und Zeitmanagement nicht nur ihr Studium besser strukturieren, sondern auch ihre beruflichen und privaten Verpflichtungen ihres Alltags besser koordinieren zu können.

Aufgrund der großen Gruppe von 25 Studenten, ist diese sehr heterogen. Dementsprechend haben die Studierenden, von denen 90 Prozent bereits im Berufsleben stehen, 30 Prozent eine Familie mit Kindern haben und sechs Studierende bereits an einer Präsenzuni studiert haben, auch einen jeweils unterschiedlichen Stand von Vorwissen. Insbesondere für Studierende die eine Familie haben oder im Berufsleben stehen kann das Erlernen von Selbstmanagementkompetenzen von großer Bedeutung sein. Studierenden die bereits Studiererfahrungen gemacht haben, kennen sicherlich das eine oder andere Modell zum verbesserten Selbst- und Zeitmanagement bereits, wollen durch die Präsentation, dieses jedoch noch weiter optimieren.

Zusammengefasst bedeutet dies, dass vermutlich die meisten Studierenden mit dem Thema schon Berührungspunkte hatten. Damit alle mit dem gleichen Vorwissen in die Präsentation starten können, werden am Anfang der Präsentation die Themen Selbst- und Zeitmanagement nochmals kurz definiert, um einer möglichen Überforderung bei Studierenden vorzubeugen.

In erster Linie soll aus dieser Präsentation der Studierende den Nutzen ziehen, sich selbst besser zu organisieren und effizienter zu arbeiten, um Zeit einzusparen und somit mehr

Freizeit zu haben. Die vorgestellten Prinzipien und Modelle können nicht nur im Studium angewandt werden, sondern auch im beruflichen und privaten Alltag. Dadurch wird eine bessere Work-Life-Balance geschaffen und zudem hat es auch eine positive Wirkung auf die Gesundheit der Studierenden, da Stress sowie Überlastung, wie z.b. im Sinne einer Burnout-Symptomatik, vorgebeugt werden. Außerdem können durch die praxisnahen Beispiele aus meiner persönlichen Erfahrung, die theoretischen Modelle gestützt werden.

b)
Formulieren Sie konkret die Zielsetzung und Kernbotschaft ihrer Präsentation.

Ziel der Präsentation ist es, dem Zuhörer Selbst- und Zeitmanagement Techniken zu vermitteln, damit sie alle ihre Verpflichtungen des Alltags nachkommen können. Die Techniken sind nicht nur für das Studium relevant, sondern können auch in den beruflichen und privaten Alltag einfließen. In diesem Zusammenhang soll der Studierende lernen effizienter zu arbeiten und Stress zu reduzieren, um seine Work-Life-Balance zu optimieren.

c)
Erstellen Sie ein Konzept Ihrer Präsentation von der Ausgangsfragestellung bis zu Fazit.
Nennen sie Gliederung, Medieneinsatz, zeitliche Planung und andere Mittel und Methoden. Stellen Sie hierzu die (nach Ihrer Einschätzung) relevanten Modelle der Selbst- und Zeitmanagementtechniken dar und schildern Sie, wie Sie den praktischen Nutzen für die Studierenden darstellen, d.h. wie Sie argumentieren. Begründen Sie dies wissenschaftlich.

Medieneinsatz:
Als Hauptmedium wird eine Folienpräsentation in PowerPoint verwendet. Außerdem wird als Dauermedium eine Flipchart benutzt, die während der gesamten Präsentation für jeden erkennbar die Gliederung zeigt.

Gliederung

Die Präsentation gliedere ich in Anlehnung an Barbara Mintos Pyramidenprinzip wie folgt[1]:

1. Einleitung

(Inhalt/wissenschaftlicher Bezug)

Zunächst erfolgt die Begrüßung der Zuhörer und die namentliche Vorstellung des Präsentators. Das Thema wird kurz vorgestellt und darauf hingewiesen, dass sich die Zuhörer Fragen notieren sollen und diese anschließend in der Diskussionsrunde beantwortet werden.

Um die Aufmerksamkeit der Zuhörer am Anfang der Präsentation zu erlangen, wird mit einer Geschichte begonnen. Diese bezieht sich auf einen Erfahrungsbericht meines Semesterstarts, bezüglich des Themas Selbst- und Zeitmanagement. Somit erkennen die Zuhörer Ähnlichkeiten zu ihrer eigenen Situation und werden so an das Thema herangeführt.

(Argumentationstechnik in der Präsentation)

Ich beginne die Präsentation mit einer Standardeinleitung und verbinde diese mit persönlicher Erfahrung, um die Aufmerksamkeit der Zuhörer zu steigern.[2]

---

[1] Vgl. Minto, B.: 2005, S. 19
[2] Vgl. Arenberg, P.: 2015, S. 61

Flipchart: Gliederung

(Inhalt/wissenschaftlicher Bezug)

Gliederungspunkte:

- Einführung
- Selbst- und Zeitmanagement
- Modelle zum Zeitmanagement
- Work-Life-Balance
- Fazit

(Argumentationstechnik in der Präsentation)

Bei der Darstellung der Gliederung wird die Top-Down Technik angewendet, dabei wird mit dem ersten Punkt der Gliederung angefangen.[3]

2. Einführung ins Selbst- und Zeitmanagement

2a) Selbst- und Zeitmanagement – was ist das?

(Inhalt/wissenschaftlicher Bezug)

Selbstmanagement setzt sich vor allem mit dem Selbst und dem eigenen Umfeld auseinander. Dazu gehören Selbstverantwortung sowie Veränderungskompetenz. Laut Wiese handelt es sich bei Selbstmanagement um die Zielsetzung, Zielverfolgung und Festlegung von Mitteln die zu diesem Ziel führen. Die Ziele müssen allerdings an die inneren und äußeren Gegebenheiten angepasst werden und das Individuum muss immer wieder die Zielerreichung reflektieren und gegebenfalls die Mittel austauschen.[4] Seiwert hingegen sieht das Thema pragmatischer. Laut ihm handelt es sich bei Selbstmanagement, um eine Arbeits- und Lerntechnik mit der das Individuum sich selbst organisiert, um Erfolg zu haben.[5]

Bei Zeitmanagement geht es vor allem darum, die zur Verfügung stehende Zeit bestmöglich zu nutzen. Dabei hat sich in den letzten Jahrzehnten die Bedeutung von Zeitmanagement drastisch geändert. Noch in den 90er Jahren ging es darum „Die Dinge richtig zu

---

[3] Vgl. Arenberg, P.: 2015, S. 79
[4] Vgl. Jochum, I.: 2011, S. 11
[5] Vgl. Seiwert, L.: 1995, S. 9

tun", heute allerdings ist es von Bedeutung „Die richtigen Dinge zu tun", um so effektiv wie möglich zu sein.[6]

Um ein gutes Zeitmanagement zu erreichen, müssen folgende Aspekte berücksichtig werden: Ziele zur Orientierung festlegen, Zeitfresser reduzieren und Prioritäten festlegen. Außerdem muss klar sein, welche Lebensziele das Individuum hat und welche Einstellung dieses zum Leben im Allgemeinen hat. Abhängig davon, werden kleine Ziele gesetzt, die das Individuum seinen Lebenszielen ein Stück näherbringt.[7]

(Argumentationstechnik in der Präsentation)

Dies argumentiere ich nach der logischen Gruppe von Minto.[8]

Zuerst einmal wird Selbstmanagement definiert und der Zusammenhang von Selbstverantwortung und Veränderungskompetenz in Bezug auf Selbstmanagement erläutert. Erfolgreiches Selbstmanagement im Studium ist von großer Bedeutung, da es das Studium von einer Dauerbelastung zu einer überschaubaren Herausforderung macht. Jedoch sind viele Studierende davon überzeugt solche Techniken nicht zu brauchen. Dies geht immer so lange gut, bis die ersten Symptome von Burnout (zum Beispiel Überforderung) auftreten.

Weiterhin wird Zeitmanagement kurz definiert und es wird erklärt wie sich die Bedeutung von Zeitmanagement über die Jahrzehnte verändert hat. Heute handelt man zielorientiert, zum Beispiel optimiert man den Einsatz persönlicher Ressourcen statt alte Gewohnheiten beizubehalten oder schafft kreative Alternativen statt nur die Mängel zu beseitigen. Außerdem wird ein Überblick der Aspekte gegeben, die eine bedeutsame Rolle für ein erfolgreiches Zeitmanagement darstellen. Wie wichtig Zielsetzung und das Setzen von Prioritäten in diesem Zusammenhang sind werden im weiteren Verlauf der Präsentation näher erläutert.

2b) False-Hope-Syndrom

(Inhalt/wissenschaftlicher Bezug)

Die Psychologen Polivy und Hermann fanden heraus, dass aufgrund falscher und unrealistischer Ziele Veränderungsprozesse fehlschlagen. In diesem Zusammenhang kann es

---

[6] Vgl. Seiwert, L.: 1995, S.
[7] Vgl. Jochum, I.: 2011, S.
[8] Vgl. Minto, B.: 2005, S. 27

passieren, dass Ziele die nicht erreicht werden, eine hohe Frustration auslösen und dadurch die Motivation sinkt, erneut einen Veränderungsprozess zu starten.[9]

(Argumentationstechnik in der Präsentation)
Dies argumentiere ich nach der logischen Kette von Minto[10]. Wenn man sich vornimmt jeden Tag ein Kapitel durchzuarbeiten, ist das ein Veränderungsprozess, jedoch ist dieser mit Rückschlägen verbunden. In den meisten Fällen sind wir von dem Scheitern überrascht und reagieren dementsprechend frustriert. Macht man sich, jedoch schon zu Beginn des Studiums bewusst, dass Rückschläge völlig „normal" sind und zudem auch ein Bestandteil jedes Zielerreichungsprozesses mit Verhaltensveränderung ist, dann stellen wir uns darauf ein und beginnen nicht an unseren Kompetenzen zu zweifeln bzw. bleiben weiterhin motiviert.

3. Zeitmanagement

3a) Klare Ziele als Orientierung
(Inhalt/wissenschaftlicher Bezug)
Häufig sind vielen Menschen ihre Ziele gar nicht bewusst und haben deshalb Schwierigkeiten diese zu definieren. Deshalb ist ein wesentlicher Punkt des Selbst- und Zeitmanagements der Zielformulierungsprozess. Dieser Prozess braucht Zeit und gelingt nicht von heute auf morgen. Während des Zielsetzungsprozesses werden neue Aspekte hervorgebracht und damit auch häufig eine Verlagerung des eigenen Schwerpunkts erreicht. Allerdings können In diesem Prozess auch Schwierigkeiten auftreten, beispielsweise können sich manche Ziele gegenseitig ausschließen was wiederum zu einem Zielkonflikt führen kann.[11]
Es werden zwei Arten von Zielen unterschieden, die implizierten und explizierten Ziele. Unter explizierten Zielen werden die Ziele verstanden, die das Individuum klar für sich definiert. Implizierte Ziele hingegen werden nicht formuliert, sondern diese Ziele werden erst definiert, wenn die Situation es erfordert. Zum Beispiel haben Menschen nicht das

---

[9] Vgl. Jochum, I.: 2011, S. 25
[10] Vgl. Minto, B.: 2005, S. 31
[11] Vgl. Jochum, I.: 2011, S. 73

Ziel gesund zu bleiben, wenn sie immer gesund waren. Gesundheit wird erst zu einem expliziten Ziel, wenn der Mensch erkrankt. [12]

(Argumentationstechnik in der Präsentation)

Dies argumentiere ich nach logische Kette von Minto[13]. Viele Menschen haben keine expliziten Ziele an denen sie sich orientieren. Zunächst wird der Prozess der Zielsetzung näher erläutert und es wird auf die Punkte Zielkonflikt, das Reflektieren von Zielen und auf den Unterschied von expliziten und impliziten Zielen eingegangen.

Anhand einer aufschlussreichen Studie der Harvard University, konnte bewiesen werden, dass klare Ziele bezüglich unserer Zukunft einen großen Einfluss auf unseren Erfolg haben.

Denn die Langzeitstudie zeigte, dass 23 Prozent der Absolventen der Harvard Universität, die klare Ziele „im Kopf" hatten, später ein dreimal so hohes Einkommen, wie die 74 Prozent der Absolventen, die keine klare Vorstellung hatten. Die restlichen 3 Prozent unterschieden sich noch einmal sehr deutlich von den anderen beiden Gruppen. Sie hatten auch Ziele wie die erste erwähnte Gruppe, hatten diese aber zusätzlich noch schriftlich festgehalten und verdienten zehnmal so viel wie die Vergleichsgruppe ohne klare Ziele.

Klare Ziele bringen uns somit tatsächlich im Leben weiter. Denn nur wer sie Ziele setzt, arbeitet auf das Ziel zu, d.h. gute Noten schreiben und bei Rückschlägen trotzdem weiter machen.

3b) Prioritäten richtig setzen

(Inhalt/wissenschaftlicher Bezug)

Um Ziele zu erreichen, müssen unter anderem Prioritäten richtig gesetzt werden. Dies ist ein andauernder Prozess, der den aktuellen Anforderungen gerecht werden muss.

Um Prioritäten bezogen auf die zur Verfügung stehenden Zeit bestmöglich zu setzen, kann als Denkhilfe das Pareto Prinzip benutzt werden. Das Pareto Prinzip wurde von dem Volkswirt Vilfredo Pareto (1848 – 1923) erfunden und ist auch als 80:20-Regel bekannt. Dieses zeigt in welchem Verhältnis, die zur Verfügung stehende Zeit und die Ergebnisse zu einander stehen. So können innerhalb 20 Prozent der aufgewendeten Zeit, 80 Prozent

---

[12] Vgl. Jochum, I.: 2011, S. 74
[13] Vgl. Minto, B.: 2005, S. 31

der Ergebnisse entstehen. Jedoch bei falscher Prioritätensetzung kann es passieren, dass 80 Prozent der Zeit verbraucht werden für nur 20 Prozent der Ergebnisse.[14] Durch das Eisenhower Prinzip können Prioritäten für Aufgaben festgelegt werden, dabei wird nach Dringlichkeit und Wichtigkeit sortiert. Die A-Aufgaben sind dringende und wichtige Aufgaben und müssen dementsprechend sofort und eigenhändigt erledigt werden, wie zum Beispiel Krisen, Projekte, Vorbereitungen mit Zeitlimit. B-Aufgaben sind dringende, aber weniger wichtige Aufgaben, das können zum Beispiel Weiterbildung, Vorbereitung, Vorbeugung, echte Erholung, sein. C-Aufgaben sind wichtig, aber nicht dringend, diese können terminiert werden und zu einem späteren Zeitpunkt erledigt werden, zum Beispiel Anrufe, Post, Berichte oder viele beliebte Tätigkeiten. Die restlichen Aufgaben die nicht zugeordnet werden können, dass können zum Beispiel zeitverschwendende Beschäftigungen bzw. Fluchtaktivitäten sein, wandern in den Papierkorb, da diese Aufgaben weder wichtig noch dringend sind.[15]

(Argumentationstechnik in der Präsentation)

Dies argumentiere ich nach der logischen Kette von Minto[16]. Um Prioritäten richtig zu setzen, ist es von Bedeutung welche Gewichtung die einzelnen Aufgaben bekommen beziehungsweise zur Erreichung des Gesamtziels beitragen. Dafür kann das Pareto Prinzip als Denkhilfe herangezogen werden. Perfektionismus ist hierbei keine Tugend, sondern viel mehr ein Fluch, da es unnötig viel Zeit kostet und es einen trotzdem nicht wirklich voranbringt. Ist zum Beispiel die To-Do-Liste total überfüllt und man weiß gar nicht wie alle Aufgaben abgearbeitet werden sollen, kann das Pareto Prinzip angewendet werden. Nehmen man an, es stehen 10 zu erledigenden Aufgaben auf der eigenen To-Do-Liste, dann werden die 2 wichtigsten Aufgaben priorisiert und zuerst abgearbeitet. Den restlichen 8 wird erstmal keine Beachtung geschenkt. Wenn wir diese Methode für jeden Tag anwenden, können wir schneller und gründlicher arbeiten.

Das Eisenhower Prinzip kann herangezogen werden, um die Aufgaben hinsichtlich ihrer Wichtigkeit und Dringlichkeit abzuarbeiten. Damit wird man organisierter und man hat alles im Überblick. Hierbei gilt Unangenehmes zuerst erledigen, um einen angenehmen Tag zu haben.

---

[14] Vgl. Jochum, I.: 2011, S. 75
[15] Vgl. Lohrer, U.: 2018
[16] Vgl. Minto, B.: 2005, S. 31

3c) Zeitplanung

(Inhalt/wissenschaftlicher Bezug)

Den Tag oder die Woche zu planen, unabhängig ob man sich im Job, im Haushalt oder im Studium befindet, ist eine gute Idee. Die Zeitplanung bringt zwei Vorteile mit sich, erstens kann dadurch die zur Verfügung stehende Zeit maximal genutzt werden und zweitens können die Aufgaben mit möglichst wenig Zeitaufwand zu erledigen[17]. Jedoch ist laut Seiwert zu bedenken, dass nicht alles geplant werden kann. Es geht also vielmehr darum, das Optimum zu finden. Für eine Tagesplanung sollte man sich an dem Richtwert von 5 bis 10 Minuten orientieren.[18]

Bei der Zeitplanung geht es allerdings weniger darum die Zeit komplett auszunutzen, sondern auch so viel Zeit einzuplanen, dass Verzögerungen des Vorankommens, die durch unerwartete Ereignisse entstehen können, mithilfe einer Pufferzeit abgefangen werden können.[19] Bei der Zeitplanung wird z.B. die 60:40 Regel angewendet. Dabei werden nur etwa 60 Prozent des Tages verplant und die restlichen 40 Prozent dienen als Pufferzeit oder für spontane Aktivitäten.[20]

(Argumentationstechnik in der Präsentation)

Dies argumentiere ich nach der logischen Kette von Minto[21]. Bevor man den Tag plant, um alle Aufgaben in der zur Verfügung stehenden Zeit zu bewältigen, ist es sinnvoll sich darüber im klarer zu sein welche Dinge Zeitfresser sind und wie man diese reduziert, denn Zeitfresser können viel Raum in unserem Alltag einnehmen. Bei der Tagesplanung sollten die zu erledigenden Aufgaben auf einer To-Do-Liste festgehalten werden. To-Do-Listen ermöglichen es Aufgaben systematisch abzuarbeiten und stets einen Überblick über die Aufgaben zu behalten. Jedoch sollte man beachten, dass in diese Listen nicht zu viele Aufgaben eingetragen werden, da es sehr unbefriedigend ist, wenn man nicht alle Aufgaben schafft. Außerdem sollte man große Aufgaben in möglichst viele kleine Unterpunkte einteilen, damit man viel schafft und oft Erfolgserlebnisse hat.

Um eine machbare Struktur in die Tagesplanung zu bekommen, ist die 60:40 Regel sinnvoll. Durch die Regel wird nicht nur der Tag mit einer machbaren Anzahl von Aufgaben gefüllt, sondern es kann auch auf unerwartete Situationen eingegangen werden. Konkret bedeutet dies, dass bei einem 8 Stunden Tag ca. 5 Stunden des Tages verplant sind und

---

[17] Vgl. Jochum, I.: 2011, S. 79
[18] Ebenda. S. 79
[19] Ebenda. S. 79
[20] Vgl. Jochum, I.: 2011, S. 80
[21] Vgl. Minto, B.: 2005, S. 31

sich die restlichen 40 Prozent teilen sich in 20 Prozent für unerwartete Aktivitäten, wie z.b. Reserve für Pufferzeiten oder nicht planbare Aktivitäten und 20 Prozent für spontane Aktivitäten auf.

4. Work-Life-Balance

(Inhalt/wissenschaftlicher Bezug)

Die Work-Life-Balance stellt die Beziehung zwischen Berufsleben und Privatleben dar. Dabei ist diese Definition etwas irreführend, da in der Theorie, der Beruf einerseits als ökonomische Notwendigkeit oder Belastung wahrgenommen wird und andererseits als Selbstbetätigung und Selbstverwirklichung dient. Der Gegenpol dazu wäre das Privatleben, das Ruhe und Erholung bringt. In der Praxis jedoch stellt sich diese Balance anders dar, denn beide Seiten haben positive sowie negative Aspekte. Ziel dieser Work-Life-Balance ist laut Kastner (2004) die Maximierung der Lebensqualität.

Nach Resch und Bamberg (2005) ist aus psychologischer Sicht nicht nur das Gleichgewicht zwischen Beruf und Leben wichtig, sondern auch die folgenden zwei Aspekte. Erstens die zeitliche Balance. Laut Abele (2005) ist sie in kurzfristige und längerfristige Zeitperspektive aufgeteilt. Und zweitens das Verhältnis zwischen der Anforderung und der individuellen Bewältigungsmöglichkeiten. Hierbei geht es darum die positive Erlebensqualität zu maximieren und die negative zu minimieren. Als Ergebnis wird ein positiver Erlebenszustand angestrebt, dieser ergibt sich aus Bedürfnis- und Erwartungserfüllung. Hierbei muss beachtet werden, dass dieser abhängig von soziokulturellen und interindividuellen Unterschieden geprägt ist.[22]

Jedoch kann die Work-Life-Balance auch aus dem Gleichgewicht geraten. Laut Seiwert kommt es häufig dazu, dass der Teil des Berufslebens einen zu großen Anteil bezüglich der dem Konzept der Work-Life-Balance einnimmt.[23] Liegt eine solche Disbalance vor, löst das zu Beginn Unzufriedenheit aus und die Betroffenen werden häufig von einem schlechten Gewissen geplagt. Wenn diese ersten Warnhinweise nicht beachtet werden, können weitere Symptome auftreten, wie z.B. Schlafstörungen, Tinnitus und die Betroffenen können nicht zur Ruhe kommen.[24]

---

[22] Vgl. Wiese, B.S.: 2007, S. 246
[23] Vgl. Behnke, A.: 2002, S. 28
[24] Vgl. Pawlik, A.: 2012, S. 45

Bewusstmachung für welche Aktivitäten Zeit und Energie verbraucht wird und welche Methoden des Selbst- und Zeitmanagements den Menschen wieder zu einer Balance führen, ist wichtig.

(Argumentationstechnik in der Präsentation)

Dies argumentiere ich nach der logischen Kette von Minto[25]. Zuerst wird das Thema Work-Life-Balance definiert und der Vergleich zwischen Theorie und Praxis erläutert. Außerdem wird das wesentliche Ziel dargestellt und wie sich das Thema aus psychologischer Sicht betrachten lässt. Als Metapher dient für die Work-Life-Balance die Waage, denn diese impliziert die Balance zwischen Berufs- und Privatleben. Entsteht ein Ungleichgewicht der Work-Life-Balance, nehmen das Berufsleben oder das Privatleben einen zu großen Anteil in unserem Leben ein. Dies löst Unzufriedenheit aus. Die Metapher verbildlicht dieses Ungleichgewicht: Medikamente können in geringer Dosis helfen, eine Überdosis wirkt jedoch wie Gift. Ein dauerhaftes Ungleichgewicht kann uns zudem auch krank machen, z.b. können Schlafstörungen auftreten, Betroffene bekommen einen Tinnitus und/oder sie können nicht mehr zur Ruhe kommen von ihrer Belastung abschalten und ihre Gedanken kreisen, um all das was noch zu erledigen ist und kommen auch nach Feierabend nicht zur Ruhe.

Mithilfe der vorgestellten Methoden kann diese Balance wiederhergestellt werden durch die bereits vorgestellten Methoden des Selbst- und Zeitmanagements. Denn sowohl die Angewohnheit Ziele zu setzen als auch Prioritäten zu wählen, tragen zu einem gut strukturierten Tag bei. Ist der Tag gut durchdacht und geplant, sowohl berufliche als auch privat, wird man wieder ausgeglichener.

5. Schluss

(Inhalt/wissenschaftlicher Bezug)

Der Inhalt wird nochmals kurz zusammengefasst, die Kernbotschaften nochmals dargestellt und ein Ausblick wird gegeben was sich ändern kann. Außerdem wird sich bei der letzten Folie bedankt für das Zuhören und es werden die Fragen der Zuhörer beantwortet. Danach wird in die Diskussionsrunde übergegangen.

---

[25] Vgl. Minto, B.: 2005, S. 31

15

(Argumentationstechnik)

Der Inhalt der Präsentation wird zusammengefasst und ich gebe den Zuhörern einen Ausblick darüber wie sich ihr Leben verändern kann, wenn sie Teile der vorgestellten Methoden in ihren Alltag einbauen.[26]

d)

**Beschreiben Sie an einer PowerPoint-Folie zu einem bestimmten Punkt Ihres Kon-
zeptes nach welchen Prinzipien und Regeln Sie diese gestalten. Bilden Sie die Folie
auf einer halben Seite graphische ab.**

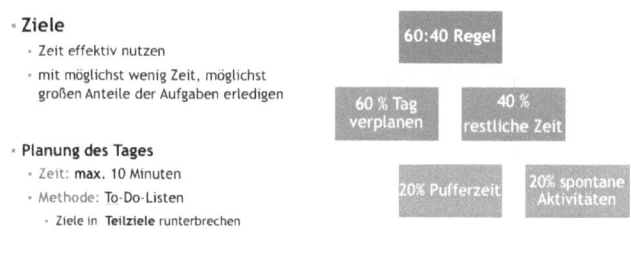

Abb. 1: Folie zu Zeitplanung *(Eigene Darstellung)*

Zuerst einmal muss geklärt werden, wie viele Folien für die Präsentation angebracht sind.
Die 10-20-30 Regel die häufig in Managementliteratur zu finden ist, sagt aus, dass bei
einer Präsentation von zwanzig Minuten maximal zehn Folien bei einer Schriftgröße von
30pt genutzt werden sollten. Als Faustregel kann sich gemerkt werden, dass pro Folie 2
Minuten Redezeit einplant werden sollte.[27]

---

[26] Vgl. Arenberg, P.: 2015, S. 62
[27] Vgl. Arenberg, P.: 2015, S. 94

Bei der Wahl der Schriftarten ist zu beachten, dass diese innerhalb einer Präsentation einheitlich gestaltet werden und mindestens eine Schriftgröße von 16pt oder höher verwendet wird. Dabei hängt die Schriftgröße von der Größe des jeweiligen Raums, den Lichtverhältnissen und anderen Umfeldbedingungen. Beispielweise sollte man, sofern man vorwiegend ältere Zuhörer hat, den Schriftgrad erhöhen.

Außerdem sollte bei der Wahl der Schriftart beachtet werden, dass serifenlose Schriftarten, wie zum Beispiel Arial oder Verdana, besser lesbar sind, als Schriftarten mit Serifen, wie beispielsweise Times New Roman. Um wichtige Punkte hervor zu heben, sollten maximal drei verschiedene Schriftgrößen genutzt oder farblich differenziert werden.[28]

Es sollte weiterhin darauf geachtet werden, dass nicht zu viel Text pro Folie verwendet wird. Hierbei gilt als Richtwert vier Punkte oder zwei Zeilen. Eine Studie von Adesope und Nesbit zeigte, dass in Hochschulen Schlüsselbegriffe effektiver sind als ganze Sätze oder Halbsätze. Eine Studie von Wecker bewies, dass das Lesen von Halbsätzen den Zuhörer vom Präsentator ablenkt. Im Gegenzug fördern Schlüsselbegriffe die Gedächtnisleistung, während einer Präsentation.[29]

In diesem Zusammenhang ist es auch von Bedeutung zu verstehen, wie verbale und visuelle Informationen im Gehirn verarbeitet werden. Verbale und visuelle Informationen werden in unterschiedlichen Hirnarealen verarbeitet. Nach der Dual Coding Theorie von Palvio wird angenommen, dass die Informationen im Langzeitgedächtnis so kodiert werden, dass sie miteinander verknüpft werden, damit sie später leichter aktiviert werden können. Die Kombination von Sprache und Abbildungen bringt positive Effekte bei dem Erwerb von Faktenwissen und praktischen Fähigkeiten mit sich.[30]

Für Anfänger sind Animationen und Einblendeffekte häufig sehr verführerisch, da sie als Bereicherung angesehen werden. Der Einsatz sollte jedoch mit Bedacht gewählt werden, da diese Effekte eher von dem Thema der Präsentation ablenken als tatsächlich eine Bereicherung darzustellen.[31]

Auch die Farbgestaltung spielt eine Wesentliche Rolle. Mit Farbe können wichtige Inhalte hervorgehoben werden. Jedoch muss beachtet werden, dass mit bestimmte Farben

---

[28] Vgl. Arenberg, P.: 2015, S. 95
[29] Ebenda. S. 95
[30] Ebenda. S. 95
[31] Ebenda. S. 96

bestimmte Wirkungen mit sich bringen, z.B. signalisiert rot Gefahr, Warnung oder Aufmerksamkeit und grün Hoffnung oder Frische. Bezüglich der Verwendung von Farben
können verschiedene Ziele verfolgt werden. Die Struktur der Präsentation kann verdeut-
licht werden, indem zusammenhängende Teile mit der gleichen Farbe markiert werden
oder natürlich kann Farbe auch Unterschiede visualisieren. Außerdem kann die Informa-
tionsaufnahme erleichtert werden, da die Hauptaussagen von den Detailinformationen
unterschieden werden kann und damit zusammenhängend kann eine Monotonie oder Ein-
tönigkeit vermieden werden.

Der Einsatz von Farbe bringt auch eine bestimmte Wirkung mit sich. Diese kann bspw.
die Aufmerksamkeit erhöhen, die Wahrnehmung beeinflussen oder Emotionen und Stim-
mungen erzeugen.[32]

e)

**Erläutern Sie, wovon der Erfolg Ihrer Präsentation abhängen wird, d.h. wann wer-
den Ihre Zuhörer Sie positiv bewerten und das Gefühl haben, Ihr Vortrag sei gelun-
gen und Sie ein/e gute/r Redner/in?**

**Begründen Sie dies wissenschaftlich in Bezug zu Präsentations- und Vortragstech-
niken, zu motivationstheoretischen Grundlagen, zu kommunikationstheoretischen
Modell o.ä., indem Sie entsprechende Literatur, Veröffentlichungen oder Studien
zu Ihrer Argumentation heranziehen und wie in einer Hausarbeit üblich zitieren.**

Damit die Zuhörer eine Präsentation positiv bewerten, sollten bestimmte Erfolgsfaktoren
bzw. gute Präsentationskompetenzen gezeigt werden. Darunter fallen beispielsweise die
Ausstrahlung des Präsentators, eine gute Vorbereitung, eine gut durchdachte Medienwahl
sowie eine logisch strukturierte Präsentation.

Ein Zitat von Watzlawick lautet „Es ist unmöglich, nicht zu kommunizieren". Eine Studie
von Mehrabian bewies diese Aussage und leitete daraus die 55-38-7 Regel ab. Die Regel
erklärt, dass nicht nur Worte bei der Kommunikation von Bedeutung sind, denn Worte
machen nur etwa 7 Prozent der gesamten Kommunikation aus. Etwa 38 Prozent der Kommunikation besteht aus para-verbalen Signalen, darunter fällt z.B. Betonung, Stimmlage,

---

[32] Vgl. Arenberg, P.: 2015, S. 98

Sprechtempo und Sprechpausen und den größten Anteil mit 55 Prozent machen die nonverbalen Signale, bspw. Körpersprache, Mimik und Blickkontakt aus.[33]
Da sich Menschen innerhalb weniger Sekunden ihre Meinung über andere bilden, ist der erste Eindruck entscheidend. Dementsprechend spielen verschiedene Wirkfaktoren wie z.b. Selbstwertgefühl, Glaubwürdigkeit, Optimismus, Kontaktfreudigkeit und Einfühlungsvermögen, aber auch die Kleidung sowie ein gepflegtes Erscheinungsbild eine Rolle.[34]

Außerdem kann eine gute Vorbereitung zum Erfolg führen, denn wenn die Zuhörer vorher analysiert werden, kann speziell auf sie eingegangen und in dem Zusammenhang, die perfekte Präsentation auf sie zugeschnitten werden. Zudem sollte das Ziel und die Kernbotschaften bereits am Anfang formuliert werden und darauf aufbauend eine Gliederung der Präsentation erarbeitet werden, wodurch ein roter Faden gezogen wird und folglich zu dem Ziel der Präsentation führt. Zudem kann durch eine gute Vorbereitung ein höherer Grad an Information und Detailkenntnissen bei dem Präsentator vorhanden sein; die Möglichkeit einer gezielten Visualisierung und die Vorbereitung auf Zwischenfragen oder Gegenargumenten kann somit besser ausgeschöpft werden.[35]

Das Medium spielt in diesem Fall nur eine Nebenrolle. Denn es soll nicht von der Rede des Präsentators abgelenkt werden, sondern nur als Hilfsmittel, das die wesentlichen Stichpunkte beziehungsweise Schlagwörtern enthält, dienen. Die PowerPoint Präsentation ist in der heutigen Zeit das am häufigsten verwendete Medium in Präsentationen und wird häufig auch mit zu viel Informationen gefüllt. Somit hört der Zuhörer weniger dem Präsentator zu, da dieser damit beschäftigt ist, die Stichpunkte der Präsentation zu lesen. Laut einer Studie des Wall Street Journal werden 84% der PP Präsentationen als einschläfernd bzw. langweilig empfunden.[36]
Außerdem kann es eine Bereicherung sein, während der Präsentation ein Medienwechsel vorzunehmen.[37]

---

[33] Vgl. Arenberg, P.: 2015, S. 39
[34] Vgl. Arenberg, P.: 2015, S. 50
[35] Vgl. Arenberg, P.: 2015, S. 53
[36] Vgl. Nöhmaier, N.: 2010
[37] Vgl. Arenberg, P.: 2015, S. 67

Um den Inhalt der Präsentation bestmöglich zu vermitteln gibt es im Grunde genommen zwei Techniken. Erstens das „Storytelling", dabei geht es darum den Inhalt als eine Geschichte aufzubereiten. Für diese Technik muss während der Präsentation ein Spannungsbogen aufgebaut werden, um die Zuhörer emotional anzusprechen. Durch die Technik kann der Präsentator die Zuhörer für die Thematik begeistern und dazu bringen dem Thema offen gegenüber zu stehen.

Zweitens die Argumentationstechnik, diese dient dazu den Inhalt durch logische Strukturen, klaren Aussagen und argumentativer Begründung dem Zuhörer näherzubringen. Ist eine Präsentation über Argumentationstechniken strukturiert, ist es dem Zuhörer möglich sich an einem roten Faden zu orientieren.[38]

f)

Lernerkenntnisse: Reflektieren Sie bitte folgende Fragen (nicht mehr als fiktive Person am Ende des Studiums, sondern als die Person, die Sie jetzt sind)
Reflektiere welche Lernerkenntnisse ich nach diesem Modul bekommen habe und vergleichen in Bezug zu früher. Vergleichen Sie Ihre bisherige Art Präsentation zu gestalten, mit der Art, wie Sie es in dieser Einsendepräsentation getan haben. Was sehen Sie als Lerngewinn? Was wurde Ihnen bewusst? Was werden Sie in Zukunft anders machen?

Dieses Modul hat meine Herangehensweise an Präsentationen nicht nur erweitert, sondern vielmehr von Grund neu aufgebaut. Ich habe in der Vergangenheit viele Präsentationstechniken einfach nicht gekannt.

Früher habe ich während der Vorbereitung nie ‚bewusst' die Zuhörer analysiert. Unterbewusst kam das sicherlich schon mal vor, aber mir war nicht klar, dass anhand dieser Analyse nicht nur das Thema besser aufbereitet werden kann, sondern z.B. auch die Medienwahl aufgrund dessen getroffen werden kann.
Außerdem war mir früher nicht bewusst, wie stark Faktoren wie z.B. Körpersprache und Betonung eine Präsentation beeinflussen. Mir war zwar bewusst, dass der erste Eindruck

---

[38] Vgl. Arenberg, P.: 2015, S. 76

des Präsentators bezüglich der Kleidung wichtig ist, jedoch nicht wie sehr dies die Glaubwürdigkeit beeinflusst. Denn nur, wenn man selbst von seiner Präsentation als Gesamtbild und bezüglich der Inhalte überzeugt ist, kann sie auch die Zuhörer überzeugen. In der Vergangenheit habe ich Sprechpausen möglichst vermieden, traten sie dennoch auf, dann nur aus der Not heraus, wenn ich beispielsweise den Faden verlor. Erst durch dieses Modul wurde mir bewusst das Sprechpausen auch etwas Gutes sind, nicht nur für die Zuhörer, um das gehörte zu verarbeiten, sondern auch um dem Präsentator die Möglichkeit zu geben sich zu sammeln. Ein weiterer bedeutsamer Punkt ist, wie eine gute PowerPoint Präsentationen aussehen sollte. In der Vergangenheit war beispielsweise in der Schule, das Kredo „mehr ist mehr" in Bezug auf die Animation. Dass es jedoch genau umgekehrt ist, habe ich erst durch dieses Modul gelernt.

Zusammengefasst gibt mir dieses Modul auf jeden Fall Mehrwert. Aufgrund des Moduls werde ich in Zukunft die Präsentationen aufgrund der erlernten Methoden gestalten.

Literaturverzeichnis:

Arenberg, P. D. P. (2015). Kreativitäts- und Präsentationstechniken (4. Auflage). *SRH Fernhochschule*

Behnke, A. (2002, Oktober 31). Coaching: Prof. Lothar Seiwert über Work-Life-Balance in Krisenzeiten Ziele festlegen, Prioritäten setzen und Zeiträume planen Zeremonien in den Alltag einbauen »Leistung und Faulheit ergänzen sich«. *VDI*, S. 028.

Jochum, I. (2011). Selbstmanagement (4. Auflage). *SRH Fernhochschule.*

Lohrer, U. (2018). So machen Stress und langes Sitzen Sie nicht krank. *WirtschaftsWoche.*

Minto, B. (2005). *Das Prinzip der Pyramide: Ideen klar, verständlich und erfolgreich kommunizieren.* Pearson Studium.

Pawlik, A. (2012, April 21). Mehr Balance. *Hamburger Abendblatt.*

Seiwert, L. (1995) Selbstmanagement: Persönlicher Erfolg, Zielbewusstsein, Zukunftsgestaltung; 5., völlig neu bearbeitete Auflage, *Offenbach*

Wiese, B. S. (2007). Work-Life-Balance. In *Wirtschaftspsychologie* (S. 245–263). Springer.

Internetquellen:

Nöhmaier, N. (2010, Oktober 12). Schluss mit PowerPoint. *Focus Online.* Abgerufen

von https://www.focus.de/finanzen/karriere/management/kommunikation/tid-

19984/praesentation-schluss-mit-power-point_aid_556616.html (21.05.2018)

BEI GRIN MACHT SICH IHR
WISSEN BEZAHLT

- Wir veröffentlichen Ihre Hausarbeit,
  Bachelor- und Masterarbeit

- Ihr eigenes eBook und Buch -
  weltweit in allen wichtigen Shops

- Verdienen Sie an jedem Verkauf

Jetzt bei www.GRIN.com hochladen
und kostenlos publizieren